Circle the hidden ⚔ and 🧰.

Circle the hidden 🐰 and 🔔 .

Circle the hidden  and .

Circle the hidden 🐭, 🍴, and 🐦.

Circle the hidden 🐢 , ⌚ , and 👓 .

Circle the hidden ⚲, ⚒, and ⏶.

Circle the hidden 🧢 , 🧦 , and 🥛 .

Circle the hidden , , , and .

Circle the hidden ,  ,  , and

Circle the **5** hidden ⬡ .

Circle the **5** hidden ⌒.

Circle the **5** hidden .

Circle the **6** hidden .

Circle the **6** hidden ➤

Circle the **6** hidden .

Circle the **10** hidden 🐟.

Color the **2** 🥧.

Color the **2** ⊗.

Color the **2** 🎺.

Color the **3** 🐬.

Color the **3** .

Color the **3** ⬭.

Color the **4** ⬭▭.

Color the **4**

Color the **5** .

Color the 5 ⬭.

Circle the letter **C**.   Circle the letter **E**.   Circle the letter **O**.

28

Circle the letter **J**.   Circle the letter **L**.   Circle the letter **Z**.

Circle the letter **H**. Circle the letter **T**. Circle the letter **U**.

Circle the letter **M**. Circle the letter **Q**. Circle the letter **R**.

Circle the letter **B**. Circle the letter **S**. Circle the letter **Y**.